JN124898

リモートワーク時代を乗り切る

思いやり
オンライン
コミュニケーション

NPO 法人ディーセントワーク・ラボ　編

中尾文香・片山優美子・岩田直樹　著

風間書房

【はじめに】

　ディーセント・ワークという言葉を聞いたことがありますか?これは「働きがいのある人間らしい仕事」と訳されます。SDGs(国連が定めた持続可能な開発目標)の17の目標の8番目「Decent work and economic growth」に定められ、ILO(国際労働機関)の21世紀の主目標にもなっています。長い人生において、どのように働きたいか、もっと広い意味で考えると社会やコミュニティ、グループの中などで、どのような役割をもって生きていきたいか、ということを問いかけるものです。そこには、もちろん、適切な所得や家族も含めた社会保障も含まれています。

　NPO法人ディーセントワーク・ラボは「はたらくすべての人のディーセント・ワークの達成」をミッションとして活動している団体です。特に働く環境があまり整っていない障がい者の雇用・就労をサポートしています。

　当法人は前身を入れると12年以上、障がい者にとって働きがいのある(ディーセント・ワークである)職場を福祉事業所や企業と共に作り、ディーセント・ワークが目指されている職場はどのような職場なのか、実践の現場から研究を行ってきました。研究での発見は、ディーセント・ワークである職場には共通した「あること」が行われているというものでした。

　そこでは、障がい者と企業・福祉事業所が、「対話」というコミュニケーションをしながら、人と人との違い、分からなさ、矛盾を丁寧に紐解いていき、すり合わせをしていたのです。そして、両者が大切にしたいことを主張しながら、お互いに納得がいく落としどころを見つけ続けていました(その時、その時の最適解を探す)。そして、このプロセス

を続けることによって、両者はより深い信頼関係を築いていました。リモートワークといったオンラインのコミュニケーションでは、一層丁寧にそのプロセスがなされていました。さらに、この両者が向き合う姿勢や知見、実践スキルは、障がいのある人だけに留まらなかったのです。そこで得たそれらの姿勢や知見、スキルをそこで働く全ての人に応用し、よりディーセント・ワークを目指した職場づくりへとつなげていました。

　本書は、その結果をふまえて研究仲間である長野大学の片山優美子氏と、デザイナーの岩田直樹氏（アトリエ・カプリス）と共に、何度も対話を重ねながら作り上げたものです。障がい者にとってのディーセント・ワークについて得た知見や実践を特にオンラインコミュニケーションの視点からできるだけ分かりやすくまとめるよう努めました。本文を執筆するにあたって、中尾は障がい者就労・雇用をサポートする立場から、片山氏は大学教授の立場からより俯瞰的に、岩田氏はデザイナーの立場から会議やワークショップのことも含めて執筆しました。

　本書は、障がいのある方はもちろんのこと、障がいのない人にとっても、より良いコミュニケーションがどのようなものなのか、どのように実践していくのかについて、ヒントになると考えています。新型コロナウイルスの感染拡大防止の観点から、これまでのような対面コミュニケーションがしづらくなり、オンラインを含めた新たなコミュニケーションスタイルが模索されています。本書が多くの方にとってコミュニケーションをより良くするためのきっかけになれば、大変うれしいです。

【もくじ】

【第3章】オンラインとオフラインの補完 ・・・・・・・・・・ **55**

【第1章】

コミュニケーションの基本

1 よいコミュニケーションとは？

　伝言ゲームをしたことがありますか？各チームに分かれて一列になり、その列の先頭の人が、メッセージ（文章）の書かれたメモを読んで暗記し、列の2番目の人に伝えます。2番目の人は3番目の人に、3番目の人は4番目の人に・・・と語り継がれ、列の最後の人が受け取ったメッセージを発表し、最初のメッセージと合っているか、どれくらい違っているかを楽しむゲームです。子どもの頃、一度は遊んで盛り上がった方も多いのではないかと思います。なにせ、全く伝わらないし、どうしてそんなメッセージになってるの？ということもしばしば。新しい謎のメッセージへと大変化を遂げているときもあります。でも時々、すごくすんなりメッセージが伝わっていて驚くこともあります。なぜこのようなことが起こるのでしょうか？

　今、考えれば、なんの脈略のない文章は全く伝わらなかった記憶があります。逆に想像しやすいこと、日常的な出来事、事実といった、ある程度、みんなの共通認識がある文章は伝わりやすかったように思います。A 君は分からなくなってくると話を作るから最初、B さんは緊張しやすいから落ち着けるよう最後の方にしようと、その子の特性を考えて列の順番を変えたりもしました。伝える相手が覚えやすいように、ゆっくり話したり、途中で確認したりという工夫をしていたことも思い出します。

　なぜこの話を、と思った方もいるのではないでしょうか？実はよいコミュニケーションのヒントはここに隠されているからです。つまり、「とにかく相手に伝えたい！（という気持ち）」「脈略を伝える（話の一部だけでなく、全体の中の一部分であり、ストーリーがある）」「みんながイメージしやすく、共通認識を持てる」「聞き手の特性を考える」「相手に伝わりやすい言い方や工夫をする」こういったことが相手に伝わりやすいコミュニケーションであり、よいコミュニケーションだと考えます。

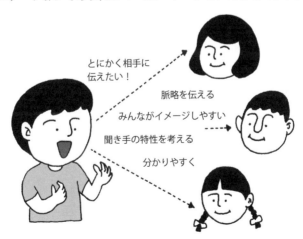

とにかく相手に
伝えたい！

脈略を伝える

みんながイメージしやすい

聞き手の特性を考える

分かりやすく

9

コミュニケーションのスタート

　コミュニケーションのスタートは、先ほどお話ししたように「相手に伝えたい」と思う気持ちです。子どもの頃、友達になりたい子がいたときは「相手のことをもっと知りたい」と純粋に思ったことがあるのではないでしょうか？この心からの「伝えたい」「知りたい」という気持ちからコミュニケーションはスタートします。自分のことをしっかり伝え、相手から話を聞いて知っていくには、自分のことだけを考えて行動すると、大抵は上手くいきません。コミュニケーションは、ただ伝達するだけではなく、相手との相互のやり取りを通して、相手や自分を解ろうとする旅路のようなものであり、明確なゴールはありません。自分を伝え、相手のことを知り続けること、そのものなのです。

あの子と友だちになりたいな。

自分のことを相手に伝えたい。

相手のことをもっと知りたい。

1 よいコミュニケーションとは？

相手のことを知ろうとする、
自分のことを伝える「対話」

　コミュニケーションには、「会話」「議論」「対話」などの手法があります。先ほど話をした「自分のことを伝え、相手のことを知り続ける」という相互のやり取りは、「対話」という言葉がしっくりくるように思います。相手に敬意をはらい、知ろうとし、たとえ意見や考えが異なったとしても、その人の背景を含めて意見や考えを理解しようとし、受け入れること（受容）です。それと同様に、相手も同じように私の意見や考えを大切に思い、受容してくれます。「対話」は多様（多声）性を受け入れ、お互いの理解を促し、信頼関係を築いていくための1つの方法です。「対話」は、正しさを主張し1つの結論にまとめようとする「議論」とは異なるものなのです。

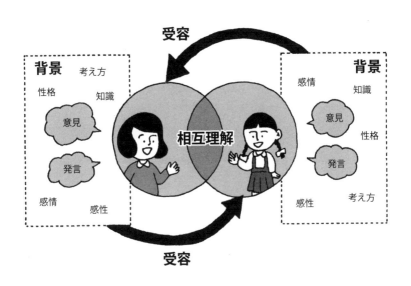

11

「人となり」を知る工夫

　「対話」をして、人々の多様性を祝福できるようになるためには、その人の背景も含めてなぜそのような考えや意見に至ったのかを知ることから始まります。そうすることで、異なる考えや意見であったとしても、相手を理解しようとし、私自身にとっての納得へとつながる可能性があるからです。これは、つまり「人となり」を知るということ。人をある1つの視点だけから見るのではなく、様々な視点から見ようと努め、その人をトータルに捉えていくという行為です。「この人、こんな一面もあったんだ」と思う機会をできるだけ多く作るのです。これはたわいも無い立ち話や雑談から発見することが多いと思います。その人が自分以外のだれかと話している時に見つけることもあるでしょう。一見、無駄のような時間や空間が、「人となり」をつかむには、とても重要だったりします。しかし、オンラインでのコミュニケーションが増え、「人となり」をつかむ機会が減ったのも事実です。

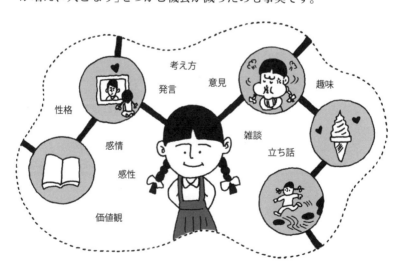

第1章／コミュニケーションの基本

2 仕事でのコミュニケーション

　多くの場合、何らかの仕事をするときはチームを組んで行います。もちろん、1人で行う仕事もありますが、より大きな目標や成果に向かって取り組むときは、1人では限界があるため、チームを結成します。仕事をする際のチームの最大の目的は、チームが一丸となり共通目標に向かって仕事に取り組み、より効率的に良い成果をあげることです。チームがうまく機能し、より良く業務を行うためには、すべてのチームの構成員が「自分の役割に対して優れている」と同時に「優れたチームプレーヤーである」ことが重要です（菊地 2014）。これは、それぞれのチームメンバーが、自分自身と他のメンバーの役割をよく分かっていて、かつ、その役割がうまく働いている状態にするということです。そのためには、それぞれの役割を知ること、役割をうまく働かせるための、仕事上のコミュニケーションが不可欠になります。

　改めて、コミュニケーションとは何かを考えてみましょう。『広辞苑』を引くと、コミュニケーションとは「社会生活を営む人間の間に行われる知覚・感情・思考の伝達。言語・文字・その他視覚・聴覚に訴える各種のものを媒介とする」と定義されています。これを仕事の場面に当てはめると、言葉だけでなく、言葉以外のもの（表情、目線、しぐさ、その時の雰囲気）、その他の道具（写真、音声、映像、文字など）を使って、気持ち・考え・心身が感じる感覚的なことを他者に伝えることで、個々のメンバーが、自分やチームメンバーの役割を認識し、理解することだと言え

13

ます。さらに、チームメンバー全員に安心して役割を任せられる状態です。何かトラブルやイレギュラーなことが起こっても、コミュニケーションを用いながらチームで解決していくのです。仕事上のコミュニケーションは、このような状態を作り出すために行います。

2 仕事でのコミュニケーション

なぜコミュニケーションが大切なのか

1 組織のビジョンを達成するために

　本書ではチームが集まり、さらに大きなチームとなったものが組織であると考えます。組織になると、お互いが顔の見える関係ではなくなり、同じ組織内であってもお互いのことを知らないということが起こってきます。多くのメンバーが仕事で効率的に成果をあげるためには、「どこを目指しているのか？」といった大きな目標（ビジョン）を組織全体で共有することがより重要になってきます。さらに、組織として「将来も含めてどうありたいか？」「なぜそれを目指すのか？」といった、自分たちがしていることに対する納得できる意味づけを組織のメンバーができるようなコミュニケーションも必要です。

　ビジョンに到達するためには、時間も、労力も、精神力も多くかかります。失敗したり、時にくじけ、やめたくなったりするときもあるでしょう。その時に、将来に希望があること、なぜそれをやっているのか納得できる理由があり、メンバー同士で確認し合えることは、ビジョンを目指していく際の大きな助けになります。

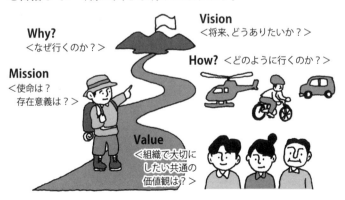

Why?
＜なぜ行くのか？＞

Vision
＜将来、どうありたいか？＞

How? ＜どのように行くのか？＞

Mission
＜使命は？
　存在意義は？＞

Value
＜組織で大切に
したい共通の
価値観は？＞

2 業務を円滑に進めるために

　各メンバーがコミュニケーションを取りながら、図のようなアプローチを行うことで、業務を円滑に進めることができます。このプロセスを繰り返すことでメンバー同士の信頼関係も高まっていきます。

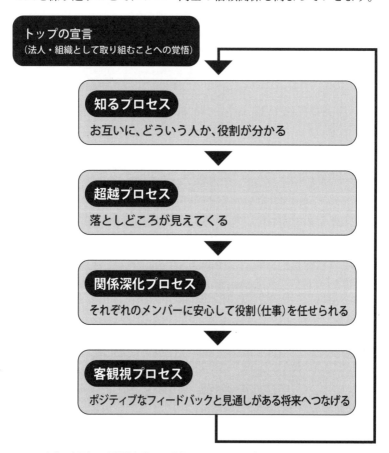

トップの宣言
（法人・組織として取り組むことへの覚悟）

知るプロセス
お互いに、どういう人か、役割が分かる

超越プロセス
落としどころが見えてくる

関係深化プロセス
それぞれのメンバーに安心して役割（仕事）を任せられる

客観視プロセス
ポジティブなフィードバックと見通しがある将来へつなげる

出典：中尾（2020）「『働きがい』の共有 − ナチュラルサポートを参考に −」の資料を改変。

知るプロセス お互いに、どういう人か、役割が分かる

○その人の理解

（性格、特性、好きなこと、生い立ち、家族、障がいがある場合
はその特性の理解等）

○強み・苦手の理解（好きなこととできること）

○それぞれの仕事上の役割の理解と認識

（仕事の内容、何ができるのか、必要な時にだれに言えばよい
か等）

○必要な時に受けられるサポートの理解

（だれに報告するのか、どういうときに、どのようなサポート
が必要か等）

○仕事の目標と目指すべき成果を設定

○共に働く職場や姿をイメージ

○レベル・スキルアップ、キャリアアップ、リーダー育成（2巡
目以降）

超越プロセス 落としどころが見えてくる

○試行錯誤を続けながらの相互理解

○相互理解による信頼の構築

○本人ができることの理解

　（本人の努力と必要なサポート）

○他部署、他機関との連携

○チーム全員でのフィードバック

○試行錯誤の先の予測、期待

○個々のメンバーの自信のめばえ、相手への期待

関係深化プロセス それぞれのメンバーに安心して
役割（仕事）を任せられる

○チームとしての自信獲得

○チーム内でのそれぞれの役割やポジションを確認

○チーム内で弱みや難しさを共有し、チームで対応

○メンバーに対する見方の変化（期待が増える）

○「できない」から「あれをやってみよう」という考えへの転換

○そのメンバーならではの仕事、ポジション等の獲得

○より高い目標を成し遂げている他のチームと関わることで
　の質やスピードの向上

客観視プロセス ポジティブなフィードバックと
見通しがある将来へつなげる

○チームとしてやってきたことの共有
　（ポジティブなフィードバック）

○プロセスを評価

○チームの強み、組織の仕事・職場文化の確認

○次につなげる方法の模索

○外部からの評価

③ モチベーションを高めるために

　経営層、上司、先輩、同僚、後輩との上質なコミュニケーションは、仕事のモチベーションを高めてくれます。モチベーションを高めるためには、存在欲求、関係欲求、成長欲求（Alderfer（1969）の ERG 理論※1）という 3 つの視点からアプローチすることが効果的です。仕事をして自分の存在を確認し、チームの一員であること・他者から承認されることで他者との関係づくりを行い、自分ならではの仕事をして自己表現をし、それが自己実現に向かうこともあります。これらの欲求は一部のみ出現することもありますし、同時に現れることもあります。また、欲求はどこかで留まることはなく循環しています。もし留まったときは欲求が満たされず、モチベーションが低下している状態です。

　個々のメンバーが持つこれらの欲求は、仕事が割り当てられ、適切な目標、サポート、フィードバック（仕事の意味づけ）といったチーム内でのコミュニケーションがしっかり行われているならば、波はありますがある程度満たされ、モチベーションも高まります。

仕事が割り当てられ、適切な目標、サポート、
フィードバック（仕事の意味づけ）

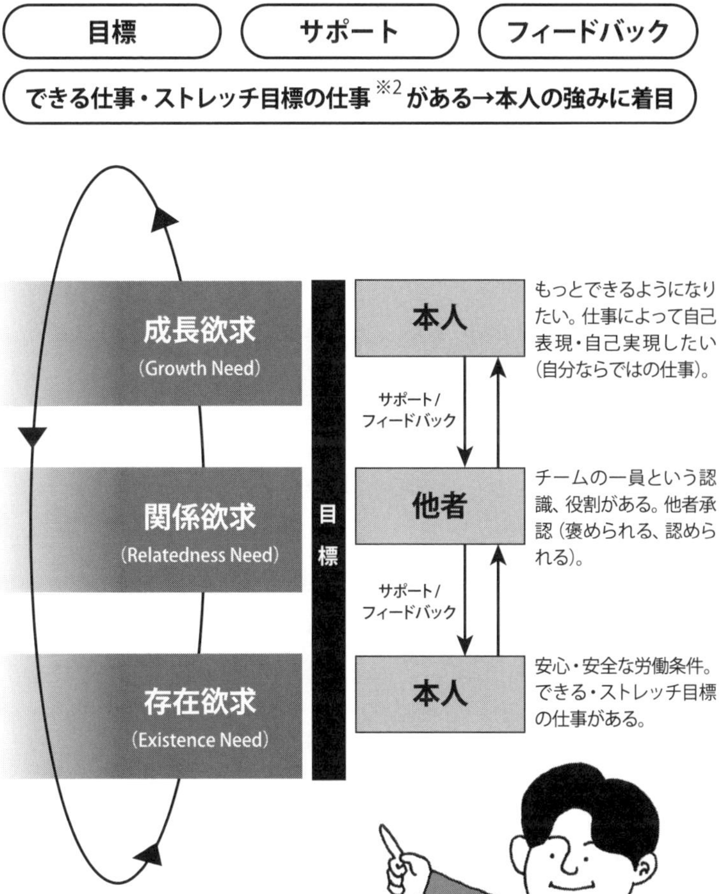

| 目標 | サポート | フィードバック |

できる仕事・ストレッチ目標の仕事[2]がある→本人の強みに着目

成長欲求
(Growth Need)

関係欲求
(Relatedness Need)

存在欲求
(Existence Need)

目標

| 本人 |
サポート/
フィードバック
| 他者 |
サポート/
フィードバック
| 本人 |

もっとできるようになりたい。仕事によって自己表現・自己実現したい（自分ならではの仕事）。

チームの一員という認識、役割がある。他者承認（褒められる、認められる）。

安心・安全な労働条件。できる・ストレッチ目標の仕事がある。

■モチベーションを高めるサイクル

21

4 仕事・職場文化を醸成するために

　独自の仕事や職場文化を醸成するためには、長い時間と多くの試行錯誤が必要です。そのプロセスは組織やチームメンバーとコミュニケーションを取りながら図のように進めていきます。まずは目標となる成果をメンバーと共に決めて、それを仕事デザインへ落とし込みます。思ったように成果が出ない、目標達成できないときは、目標や仕事デザインの技法を見直し、修正と改善を行います。これを繰り返すことで少しずつ成果が現れ、それが積み重なることで、その組織の仕事・職場文化が醸成されていくのです。

■独自の仕事・職場文化が醸成されるまで

目標とする成果

【経済的成果】
・売上・低コスト・営業力・高品質・必要とされるサービス・生産力の安定・低欠勤率・設備の有効利用等
【人間的成果】
・ディーセント・ワーク
（適切な賃金、社会保険・社会保障、個々の成長・働きがい等）
【社会的成果】
・社会貢献、ソーシャルインパクト等

仕事デザインの技法

・作業環境
・給料
・社員の育成・意識改革
・教育・訓練
・売り上げのフィードバック
・情報の共有
・個々の役割の明確化
・強みを活かした持続可能な事業
・外部との連携・専門家の導入
・地域との関わり
・ニーズの調整　等

仕事・職場文化の醸成

・個々の特性や強みを活かした仕事
・チームの一員であるという自覚
・責任感
・主体的な働き
・情報や専門性に基づく影響力
・社員同士の相互影響力
・意見を言い合えるオープンな人間関係
・信頼
・柔軟な働き方を認める・公平性　等

目標とする成果を決めて、仕事デザインへ落とし込む。目標の修正やデザインの修正・改善。

小さな成果が現れ、独自の仕事デザインが見えてくると、仕事・職場文化が少しずつ醸成されていく。

出典：Walton(1979)の表をもとに筆者が改変。

【文献】

Alderfer, C. P. (1969) An Empirical Test of a New Theory of Human Needs, Organizational Behavior and Human Performance, 4,142-175.

(独)高齢・障害者雇用支援機構　障害者職業総合センター(2008)『障害者に対する職場におけるサポート体制の構築過程』

菊地和則 (2014)「チームトレーニング導入に関する展望と課題」『リハビリテーション連携科学』15(1),3-11

中尾文香(2020)「『働きがい』の共有‐ナチュラルサポートを参考に‐」
　一般社団法人日本経営協会「第21期人材マネジメント研究会」プログラム資料

Walton, R. E. (1979) Work innovations in the United States, Harvard Business Review, 57(4),88-98.

片山優美子(2019)「対話」『ディーセント・ワークを目指した職場と組織をつくる』NPO法人ディーセントワーク・ラボ, 平成30年度独立行政法人福祉医療機構 社会福祉振興助成事業「障がい者就労・雇用を導くリーダー研修事業」

※1 ERG理論とは？

Alderfer(1969)はマズローの欲求階層を整理し、人間の欲求を「存在欲求」「関係欲求」「成長欲求」の3つに分類した。そして、それぞれの関係について以下のように述べている。

・基本的には下位の欲求から満たそうとするが、それが満たされなくても上位の欲求が現れる。

・欲求は同時に現れたり、存在したりすることもある。

・存在欲求と関係欲求はある程度満たされるとその願望は高まらない。

・ただし、成長欲求は満たされるほど、その願望はさらに高まる。

・上位の欲求が満たされないと、下位の欲求の願望が高まる。

※2 ストレッチ目標の仕事とは？

簡単にできる範囲よりも難易度を上げて、少し頑張ればできるくらいの範囲の仕事のこと。

【第 2 章】

オンラインの
コミュニケーション

1 オンラインの特徴

　オンラインコミュニケーションが日常化してきました。家に居ながらにして遠隔のいろいろな人と対話できるようになり、飛躍的に仕事の効率が向上したという方もたくさんいますが、一方で、何か対話にもの足りなさを感じる方も少なくありません。ここではオンラインコミュニケーションの特徴をつかんで、より有効にこのしくみを活用できるような「かまえ」をつくっておきましょう。

1 オンラインの特徴

「人となり」がつかめない

　第 1 章で、よいコミュニケーションのヒントに「人となり」という
キーワードが出ました。オンラインコミュニケーションが「なんだか
もの足りない」と思ってしまうのも、相手の「人となり」がつかみにく
いということも原因の 1 つだと考えられます。オンラインコミュニ
ケーションの特徴は、場所という概念を越えて「生の声」で情報交換で
きるという点にあります。しかし「画面」というフィルターによって、
「人となり」をつかむ手がかりとなる、様々なシグナル（信号・合図）（下
図）が省かれているような状態です。まずはオンラインコミュニケー
ションは「リアルな対面」の劣化版ではなく、「電話や手紙」の革新版と
してとらえると、有効につかえます。

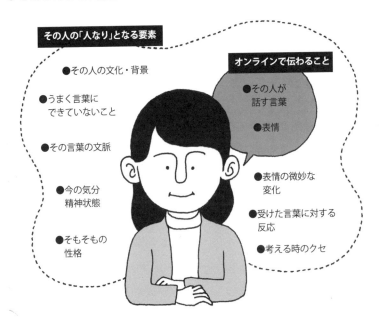

その人の「人なり」となる要素

● その人の文化・背景

● うまく言葉に
　できていないこと

● その言葉の文脈

● 今の気分
　精神状態

● そもそもの
　性格

オンラインで伝わること

● その人が
　話す言葉

● 表情

● 表情の微妙な
　変化

● 受けた言葉に対する
　反応

● 考える時のクセ

オンラインとオフラインの違い

オンライン化にストレスを感じる人の多くは「相手に伝わっているのか伝わっていないのか、感覚がつかみにくい」「オンラインの打ち合わせは、ことのほか疲れやすい」などの悩みを感じています。

オンラインは時間や距離などのさまざまな問題を解決できる反面、不得手なこともたくさんあります。これをうまく活用するために、まずはオンラインの「得意とすることと、苦手とすること」に目を向けることからはじめましょう。

オンラインは「場所」という概念を大きく変えました。自宅からはもちろん、世界中のどこにいてもつながることができます。原則的には移動という行為も省略され、そのための「時間」の節約にもつながります。さらにパソコンやスマホを使用することから、データ化された書類や写真、ウェブサイトなどを画面上でかんたんに共有できることも魅力です。それに加えて自分自身の話し方や表情などを「画面を通じて客観的に見る」ことができるようになったことも、オンラインならではのメリットです。

これらに対してオンラインの「苦手とすること」は、「画面の制約」です。パソコンやスマホなどの画面は、小さく、光がちらつくことから、目が疲れやすくなります。インターネットの環境によっては音声も聞き取りにくく、さらなる注意力を求められます。そのような限られた条件の下では、きめ細やかなコミュニケーションがやりにくくなります。たとえば私たちは、ほんの小さな表情の変化や、声のはりかたで相手の心の機微を読み解きます。ほんの小さなしぐさから、心の内を感じ取ろうとします。私たちは「対話」の中から小さなシグナルを受け取りながら、言葉だけではない「気持ち」を汲み取っているのです。

　そこでオンラインとオフラインの特徴を比較してみると、オンラインコミュニケーションは「情報のやりとり」が得意ですが、それに対してオフライン（対面）コミュニケーションは「感情のやりとり」が得意です。（下図参照）

　ですので、報告や連絡、お知らせや伝達事項などの「タテのコミュニケーション」は、「情報のやりとり」が本質なのでオンラインが効果的です。画面共有などの機能も十分に活用できます。

　一方、相談とか、気持ちのやりとり、あるいはみんなで意見やアイデアを出しあう「ヨコのコミュニケーション」は、オフラインが効果的です。決まった情報のやりとりではない場合、口から出る言葉よりも、もやもやした考えや想いを引き出すことを大切にしたいところです。

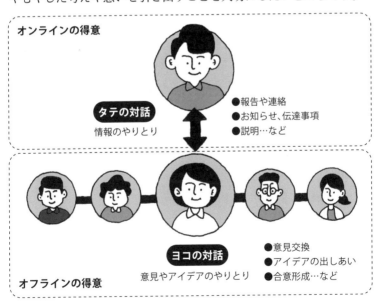

オンラインの得意

タテの対話
情報のやりとり

●報告や連絡
●お知らせ、伝達事項
●説明…など

ヨコの対話
意見やアイデアのやりとり

●意見交換
●アイデアの出しあい
●合意形成…など

オフラインの得意

環境の見えない対話

　限られた画面によるコミュニケーションは、言いかえると「切り取られたコミュニケーション」です。まずこういう風に考えてみてください。「私たちは主題となるものではなく、その背景となるものを見て、ものごとを理解しているのだ」と。

　たとえばここに 2 種類のコーヒーがあるとします。一つはインスタントコーヒーで、一つは一流ホテルの高級コーヒーです。さて、どちらが高級品かパッと見分けられますか？難しいですね。でもそこに風景とか、パッケージや、使っているカップなどがあれば、見分けるのが容易になります。つまり私たちは、ものごとを理解するために、周囲のシグナルを参考にするのです。

　カメラを使うオンライン対話でも、無意識に同じようなことがあります。画面越しの「相手」に、考えを伝えているのだけれども、著しく反応が少ない。むしろ少し不快そうな表情にも見えてしまう。オンラインの対話では、その画面に切り取られた情報が全てです。そこに映る彼の表情と、小さなしぐさから「反応」を推察しなければなりません。でももしかしたら、相手はこちらの話をメモしてくれているのかもしれないし、部屋のあかりが暗いから、表情も暗く見えてしまっているのかもしれません。カメラの角度の違いも、相手の印象が変わってき

ます。私たちは案外、相手を取り囲む環境から「気持ち」を読み取っているのです。

　リアルな対面の世界だったら、彼が一生懸命メモしている状況が目に入ると、その表情は「不快」ではなく「真剣」と認識しますね。オンラインでは、無意識に感じ取るその「ささいなシグナル」が切り捨てられていると考えられます。

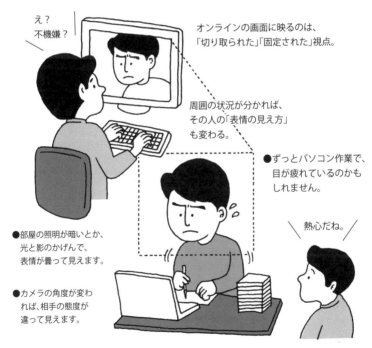

え？
不機嫌？

オンラインの画面に映るのは、
「切り取られた」「固定された」視点。

周囲の状況が分かれば、
その人の「表情の見え方」
も変わる。

●ずっとパソコン作業で、
　目が疲れているのかも
　しれません。

熱心だね。

●部屋の照明が暗いとか、
　光と影のかげんで、
　表情が曇って見えます。

●カメラの角度が変わ
　れば、相手の態度が
　違って見えます。

●話し声が家族に迷惑がかからないように、小声なのかもしれません。

雑談ができないオンライン会議

筆者はデザインの仕事やワークショップを数多く手がけています。アイデアを出したり、課題を見つけたりするとき、何人かを集めて話し合うことがよくありますが、やはり1人で考えるよりも、数人で考えるほうがよいアイデアにつながりやすい傾向があります。

ところが同じメンバーで、同じ会議をオンラインで行っても、なかなかいいアイデアが出ないことが多々あります。なぜだろうと考えてみると、ふとあることに気がつきました。それはオンラインには「雑談が少ない」ということです。人と人の話し合いの場では、何人かがちょっとした雑談をはじめることがあります。その小さな雑談から火がついて、クラスター状に広がり、やがて参加者全員を巻きこんでユニークなアイデアや、本質的な課題発見に至ることも少なくありません。気楽な雑談こそが、よいアイデアの着火点になるのです。

たとえば「アイデアというには取るに足りないものだけど、こんな発想どうだろう？」というのを隣の人にぼそっと投げかけられますし、また大切な話を聞き逃したり、自分の捉え方がズレていないか確認するとき、こそっと隣の人に聞くこともよくありますね。会議にみんなが横にいると、ちょっと安心なのです。

それに対してオンラインは隣同士の雑談ができません。画面上で並列にまっすぐ、みんながこっちを見て参加するのはいいのですが、隣同士の雑談がしやすい構造ではありません。まさに「横のコミュニケーション」が、オンラインの苦手とするところです。

逆に考えると、雑談の認められない会議や打ち合わせ、つまり集中力を要するコミュニケーションは、むしろオンラインの方が得意だといえます。

オフライン 雑談から、クラスター化→ビッグ・アイデア
（ヨコの対話がある）

オンライン 参加者同士の雑談がない
（ヨコの対話がない）

余韻のないオンライン会議

　オンラインは「時間の無駄」をずいぶん省いてくれます。なにしろ条件さえ整えば、仕事場や会議室へ往復する時間は必要がなく、その場に居ながらにして遠隔の人同士がつながることができるのですから。

　でもちょっと考えてみてください。それは本当に「無駄な時間」なのでしょうか？オンラインになっていろいろな人と、いろいろな対話ができるようになりましたが、ふりかえってみると頭の中に記憶しているのは案外少なくて、時間が経てばつい忘れてしまうことも少なくありません。

　よくよく考えてみると、リアルな場での話し合いには往復の移動時間があって、その間に話し合った内容を頭の中で整理したり、同行する人と軽く話したりするような、「準備」と「ふりかえり」の時間があるのです。話し合った内容が頭を素通りしていくか、頭に残るかは、ちょっとした隙間時間がとても大切なのです。そういえば、映画館で映画を観るのと、家で映画を観るのとでは、印象の残り方が違いますね。映画館への往復時間は、けっして無駄な時間ではなく、映画の余韻に浸る価値ある時間なのです。

　オンラインになると、その余韻の時間がなくなってしまいます。まるでチャンネルが切り替わるかのように、隙間なく次のことを考えなければなりません。そこで私は、大切なオンライン会議のあとは、30分ばかり近くをウォーキングすることを勧めています。話し合いを無理矢理ふりかえる必要はありませんが、ちょっとした気分の切り替えにもなりますし、頭の中が自然に整理されていきます。「無駄な時間」は、使いようによっては「とても価値ある時間」になるのです。

2 オンラインで 「人となり」をつかむ

オンラインのコミュニケーションでは「人となり」をつかみづらいという話をしました。そのため、オンラインでは「『人となり』をつかみ合おう」とするお互いの思いやりが大切になります。つかみづらい状況であっても、「相手を知りたい」「知ろう」という気持ちをもって対応するのとしないとでは、その結果が大きく異なります。ここでは、具体的にどのような点に気を付ければよいのか、見ていきましょう。

●文脈・文化
●性格
●悩み・不安
●本音

●見かけ
●話の内容

こんな
人だな

その人の「人となり」は、
オンラインではつかみにくい状態です。

2 オンラインで「人となり」をつかむ

『くみ取る』―態度とスキル―

　まずは相手に対して「聞いているよ」「興味があるよ」という意思表示を伝えることです。これは、「話を聞く態度」と「聞いているというサインを積極的に示すこと（スキル）」で伝えることができます。

1 相手にリラックスしてもらう

　オンライン会議などのスタートは緊張し、身構えてしまう場合も少なくありません。会議とは関係ない話をして（調子をうかがう、天気、好きなことなど）、少しでもリラックスしてもらうことで、この後の会話のはずみ方が変わります。

2 「聞いているよ」のサインを出す

　オンラインでは相手と直接目を合わせられないので、聞いているというサインを出さなければ、相手に聞いていることは伝わりません。あいづち（「はい」「うん」「そうなのですね」など）のやり方、あいづちのタイミング、発する声のトーン、言葉を発した時のスピード感に気をつけることで、相手にしっかり聞いていることを伝えられます。付録（p.93～）にあるツールを使うのも効果的です。

リラックス＆「聞いている」サイン

3 オンラインの通信状況に気を配る

オンラインアプリの会議では、「マイクが1つしかない」状態なので、話す人は主に1人です。一度に大勢が話しても、だれか1人だけが話しているという状況になります。だれかが話しているときに、他の人が話をすると、最初に話していた人の声は聞こえなくなり、次に話した人にマイクが渡ります。そのため、だれかが話している時は、その人が話終わるまで待つ、どうしても話したいときは「質問しても良いですか?」など、話している人に対する気遣いが必要です。話すタイミングが重なってしまった時は、「お先にどうぞ」や「続けてください」という一言も思いやりにつながります。

また、音声や通信トラブルで相手の声が聞こえない、画面がフリーズするということも起こります。その場合は「聞こえますか?画面がフリーズしているようです」と相手に呼びかけてみましょう。音声が聞こえづらい時や相手がミュートで話している時に、その状況を伝えることは相手に対する思いやりです。

4 自分の理解を相手に伝え、言葉をかける

　相手に自分が理解していること、もしくは、間違った理解をしていないかを確かめるために、「○○ということですか？」「この理解で合っていますか？」とキリの良いところで聞いてみることで、お互いの理解のズレがないかを確認することができます。また、「○○と言っていましたが、大変でしたね／素晴らしいですね」といった、フィードバックの言葉をかけることで、相手に「聞いているよ」「興味があるよ」と伝えられます。

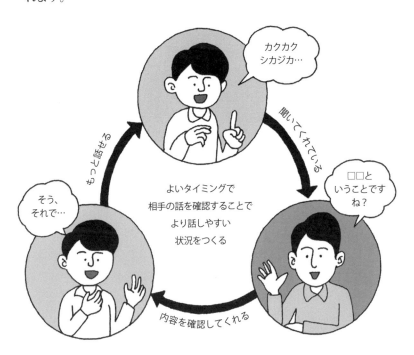

『話す（伝える）』— 表現の工夫 —

話は相手に「伝えるため」にするものです。相手に分かりやすく伝えられるか、気を配りましょう。

1 相手の今の様子をうかがう

相手がこちらの話を聞ける状況にいるか、音声が途切れていないか、画面がフリーズしていないか、をよく観察して情報のやり取りができているかを確認します。

2 相手に分かるように伝える

オンライン会議は、オフライン（対面）で感じることのできるその場の雰囲気や空気感を感じることができません。また、分からないときに他の人に気軽に質問することも難しい状況です。そのため、聞き手に簡潔に、分かるように伝えることはとても大切です。図や表、絵、文字などといった他の方法で補うことで、こちらが言いたいことがイメージしやすくなり、さらに理解を深めることもできます。人によって理解しや

すい方法は様々です。映像や写真が効果的な場合、音声や文字にした方が効果的な場合、例え話を用いた方が効果的な場合など、その人に合った方法を選ぶことでより分かりやすくなります。

絵や図、写真や映像などで伝える

論理的に伝える

身近なもので例えて伝える

●相手に簡潔に伝わるように
●その人に合った方法で
●内容に合った方法で

③ 相手のための時間（スペース）をとる

　しばらく話した後はキリの良いタイミングで、これまで話してきた内容について短くまとめ、「質問はないですか？」と聞いてみましょう。これは、相手の理解を促すための思いやり時間です。相手が分かりづらい表情をしたときにも「大丈夫ですか？」と声をかけることで、理解を深めるだけでなく、相手は自分のペースを尊重し、気にかけてくれたという安心感を持つきっかけにもなります。

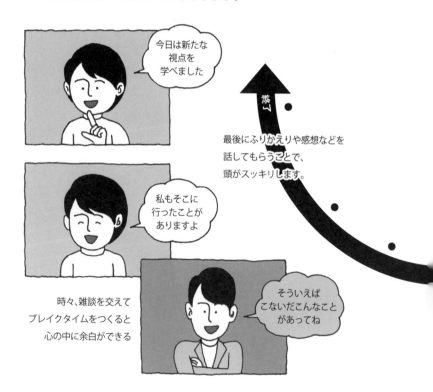

今日は新たな
視点を
学べました

終了

最後にふりかえりや感想などを
話してもらうことで、
頭がスッキリします。

私もそこに
行ったことが
ありますよ

時々、雑談を交えて
ブレイクタイムをつくると
心の中に余白ができる

そういえば
こないだこんなこと
があってね

ここまで話した内容を
一旦まとめて、
「質問はありませんか?」
などと聞いてみる。

一旦、聞き手も頭の中が整理できて、
理解しやすくなります。

会議時間が長い場合は、
時々(45分〜60分に1回程度)
休憩をはさむようにしましょう。

相手がわかりにくそうに
しているとき、
不安な表情をしたときも
声をかける。

43

2 オンラインで「人となり」をつかむ

弱さを認め合う

「分かりません」「できません」と
言える関係

慣れないオンライン会議でのコミュニケーションは、いろいろな不具合やトラブル、気疲れを引き起こします。それもそのはず、オンラインコミュニケーションは、新しいコミュニケーションスタイルをみんなで試し、より良くするという挑戦をしている最中だからです。いわば、新たなコミュニケーションの実験途中。より良いスタイルを求め、模索しているため、当然、不具合やトラブル、気疲れは起こります。

オンラインコミュニケーションは、今のところ、それも含めたコミュニケーションと認識しておく方が良いかもしれません。だからこそ、不具合やトラブルを隠して分かったふり、できるふりをするのではなく、「分かりません」「できません」を伝え、みんなで、その不具合などを解決できるようにサポートし合い、一緒に乗り越えるという関係性が必要になります。思いやりコミュニケーションによって、気疲れをできるだけ少なくして、「ありがとう」「お疲れさま」「こういうことあるよね」とねぎらいの言葉をかけられる関係でありたいですね。今、こういう状況だと互いに伝え合い、必要なときにSOSを出せて、不具合やトラブルを一緒に解決できる関係性。それは、弱さを正直に伝えられる、見せられる関係であり、安心安全の場づくり、信頼関係の高いチームにつながるものです。

44

いろいろな表現を楽しむ

　人はいろいろな表現方法を持っています。言葉のみならず、表情やしぐさという言葉以外の表し方がありますし、手段としては、会話、チャット（機能）、フリップボード、メモ書き、写真、画像、音声、字幕を用いた表現もあります。オンライン会議が増えたことで、これまでにない表現方法が可能になってきています。オンラインならではの表現の多様性を楽しみながら、個々の得意な表現を認め合うことで、より深く伝え、理解し合うこともできるようになります。

写真　　　動画　　　音声　　　フリップボード

チャットを使って
「言葉」で
伝え合う

第 2 章 / オンラインのコミュニケーション

3 オンラインの弱みを 改善する工夫

　オンラインコミュニケーションを「リアルな対面コミュニケーション」の代替としてではなく、「電話や手紙」の革新版と考え、そこにコミュニケーションの基本をのっけることで、とても有効なツールになることが期待できると思います。ここからは、さらにオンライン独自のメリットを加え、より上手に活用できるようなヒントを紹介します。

オンラインの
強み・弱み

補いあう

オフライン
（対面）の
強み・弱み

対話が苦手な人が楽になる

　ここまではオンラインの苦手なことを話してきましたが、オンラインにはオンラインの良さがあります。「場所に縛られない」「時間が節約できる」ことは言うに及ばずですが、活用次第ではとても思いやりある対話も可能になります。中にはリアルな場での対話よりも、オンラインのほうがやりやすいという人もいるくらいです。それは何かというと「人と話すのが苦手な人」にとって、有用なコミュニケーション道具になりえるという点です。

　たとえば「自分の意見を口に出すのは苦手」というような人もたくさんいると思いますが、だれしも心の内に秘めた考えや、想い、感性があるはずです。恥ずかしいから口に出せないのか、言葉としてまとまらないから口に出せないのか、それとも声を上げるタイミングを逃してしまうのか、いずれにしてもそんな時、オンラインには「チャット」という機能があります。意見とか思ったことを口に出さずとも、この

機能を使えば言いたい単語だけでもポンと入力することができます。口下手な人の中には、文章で書いたほうが伝えやすいという人もたくさんいます。チャットができないということであれば、もちろんA4の紙に大きく書いて画面で見せるだけでも、心の負担はずいぶん軽くなります。

　また「人と話すのが苦手」という人の中には「人にじっと見られるのが苦手」という人もいます。オンラインはその点においては少し緩和されます。「画面越しの対面」ということもありますが、画面の向こうの「みんな」は少し違う方向を見ていて、見られているという感覚は軽減します。口に出して話す、人にじっと見られるというのが苦手な人が、「勇気」を必要としない対話をオンラインは可能にしました。

チャット機能で、
コミュニケーション

緊張して
います。

フリップボード
（A4用紙）で、
コミュニケーション

ちょっと
安心…

ほっ…

オンライン

49

目視しながら対話できる

　オンラインのもう一つの強みは「画面共有ができること」にあります。たとえば Word や PowerPoint などのソフトを立ち上げて、相手の話やみんなの意見をリアルタイムに入力することで、かなり安心して対話に参加することができます。リアルな対面（オフライン）での話し合いだと、質問者が自分のノートに書き込むような行為ですが、これを共有することで様々なメリットがあります。

　たとえば、自分の声が受け入れられたと実感できること。リアルなノートだと、基本的にオープンではないので、何が書かれているか分かりません。本当に自分の発言が受け入れられているのだろうか、どの部分が取り上げられたんだろうか、分かりません。これをオンラインで共有すると、自分の発言がしっかり受け止めてもらえたこと、関心をもってもらえていること、ちゃんと伝わっているかどうかが画面を見ながらリアルタイムに確認できます。自分の発言がちゃんと書かれているのは嬉しいものですし、何を言ったか言わなかったのかの確

認にもなりますので、安心して発言できるというメリットがあります。

　また、文字入力するわけですから、少しばかり時間がかかります。でもその間、自分の考えを整理することもできますし、矢継ぎ早に間髪をいれない対話よりも、ゆったり、落ち着いて話すこともできます。書かれた文書全体を眺めながら、最後にふりかえり、確認もできるので、双方にとってメリットになります。

51

言葉以外の大切な情報

そのときの服装にも
何らかのシグナルが
あるかもしれません。

がんばるぞ。

ひんぱんに目が合ったり、
息を大きく吸い込んだり、
息をのんだり。
もしかしたら発言しようと
しているのかな？

主旨を理解しようと
する真剣な態度。
メモしたり、目を閉じたり。

　人は「言葉」以外で、相手の気持ちやメッセージをおもんぱかりながら、対話しています（ノンバーバル・コミュニケーション）。例えばリアルな「場」では、ふだんから相手のほんの少しのしぐさや表情の変化で気持ちをくみ取り、良好なコミュニケーションにつなげています。

みんなが思い思いに
発言する空気になり、
対話が楽しくなった。

例えばファシリテーターは
参加者の表情・しぐさや、
場の空気や雰囲気で、
会議を進行します。

発言したものの、
みんなの反応が
著しく薄かった
ので意気消沈…。

だれかの発言で
笑いがおこったこと
がきっかけで対話が
再び活発に。

対話のこう着状態。
これはいい沈黙か、
良くない沈黙か…。

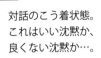

第 3 章

オンラインと
オフラインの補完

1 両方のメリットを活用する

　新型コロナウイルスの影響が生じる以前の世界は、当たり前に人と人がごく普通に対面する生活、オフラインの生活があり、オンラインは一部の限られた人たちが活用しているに過ぎなかったでしょう。今回、新型コロナウイルスの影響により、否応なしにオンラインが普及し、状況によっては今もまだ多くがオンラインを必要とする生活を余儀なくされています。

　オンラインとオフラインはどちらにもメリット、デメリットがあります。両方を知ることで、双方のメリットを活用し、学び合い、改めて人との関わり方を考えることは、人と人とのコミュニケーションを学ぶことにつながります。両方を知るからこそ、より良いコミュニケーションに結びつき、人間的成長へと発展できるのです。

　本章では、人間的成長とは、自分自身と向き合い、気づきから、考えて行動できるようになること、そして体験や経験を経て、自己覚知をしながら、自ら考え行動し成長していくこととします。この人間的成長には、自分自身に、他者に、組織に、そして社会に貢献していく貢献性が含まれます。

　オンラインの発展によって、障がいのある方々にも影響を与えています。身体障がいで身体の移動が難しい場合でも、機械操作ができれば、オンラインを使用する人口が増えたので、外とつながりやすくなりました。逆に知的障がいの特性から機械操作が不得手な分、家族や支援者に

よる操作の支援がないと、オンラインによる外とのつながりが制限される場合もあります。精神障がいの特性から新型コロナウイルスの影響により外出する不安が生じる場合は、オンラインの仕事や関わりに切り替えられると安心感が高まるでしょう。

	オフライン	オンライン
メリット	●顔が合わせられる。 　相手に近づくことができる。 ●空気感を共有できる。 　同じ空間に存在する。 ●何も話さなくても OK。 ●マスクで顔が隠せる。 ●全体が見えるので 　些細な仕草も見られる。	●画面上だが顔を合わせられる。 　どんなに離れていても画面を 　通して会える 　（国内外どこでも、だれとでも）。 ●嫌なら画面を消せる。 　チャットや絵を送れる。
デメリット	●化粧をしなければならない 　（今はマスクがある）。 ●移動に時間がかかる。 ●場所の調整などが必要。	●相手に近づけない。 ●全体が見えないので仕草に 　気付きにくい（オーバーリアクショ 　ンが求められる）。 ●タイムラグがある。 ●インターネット環境が必要。

「知」──知識を得ること、それを知恵にすること

　オンラインとオフラインのメリットを「知」「創」「感」「愛」の観点から取り上げます。また、双方のデメリットを補い合う方法を提案するので、関心のあるところから、あるいは対面やオンラインなど実際に行う環境から、取り入れられるでしょう。

　「知」は、情報とその意味を知ること、それらを用い判断し、実行する能力を持つこと、そして、その時の経験や心の動きも含めて深く知り、自分なりの知恵にすることを意味します。

知識を得る。
それを知恵にする。

online
オンライン

アイデアを深める。
刺激し合う。

お互いに学び合う。
共感し合う。

offline
オフライン

人への関心をもつ、
敬意を払う。

オンラインでは、「発言しづらい」「タイミングが分からない」という声を聞きますが、果たしてそうでしょうか？確かに画面という壁があるので「発言しづらい」かもしれません。ですが、発言しづらい人は、オフラインでも「発言しづらい」のではないでしょうか？「発言」した時の「周囲の人はどう思うのか」「みんな知っているのに、こんな質問をしても良いのだろうか」という、発言の「その後」を気にしている自分は居ないでしょうか？あるいは、自分の発言は「うまく説明できているだろうか」「相手に伝わっているのだろうか」というように、自分に自信がなく伝えるのをためらっていないでしょうか？

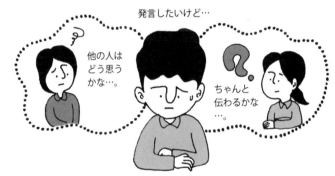

発言したいけど…

他の人はどう思うかな…。

ちゃんと伝わるかな…。

《聞くは一時の恥、聞かぬは一生の恥》ということわざがあるように、聞くことは自身の知恵につながるのでとても大切です。そして、知ろうとする気持ち、知るために聞くというチャレンジはとても素晴らしいことです。さらに、自分の考えを発言することは、とても大事なことです。

発言をして人から褒められると、結果としては嬉しいですが、果たして人は褒められるために発言をするのでしょうか？発言する前の、

自分の「想い」は偽りのない自分自身の「想い」です。その「想い」をありのままに表現できることは、つまり、自己表現ができていること。本当はそれだけで素敵なことなのです。

　他者に伝えることで伝える経験ができ、同時に他者への伝え方を考えることができます。伝えなければ、その経験もできず、たとえ伝え方が間違っていたとしてもそれを修正することもできません。この「経験する」「考える」「伝える」「修正する」ことが繰り返され、それが「知恵」につながるのです。つまり、知識と経験知・身体知が結びつき、知恵へと醸成されていくのです。

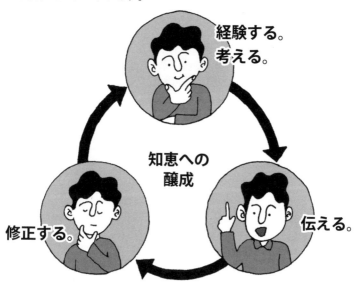

　電話とオンラインのweb会議を比べてみます。電話で相手の顔が初めから見えないと分かっている状況と、オンラインの会議で画面上は

つながっていますが、画面をわざと「オフ」にして顔が見えない状況では、どちらが不安になりやすいと思いますか?同じ顔が見えない状況ですが、画面がつながっているオンラインの方がその不安が増加します。これは、人が視覚情報 55%、聴覚情報 38%、言語情報 7% で情報を得ているからです(メラビアンの法則)。画面がつながり、55% もの視覚情報が見えているのに「オフ」で真っ黒なため、不安感が高くなります。そうすると、「自分の話を分かってくれているのか、聞いてくれているのかが分からない」という感情や疑心暗鬼が生じやすくなります。

　これらを知った上で、お互いに顔を見せてオンラインコミュニケーションをしてみませんか?オフラインほどではないかもしれませんが、オンラインであっても、もう少し相手を近くに感じられるかもしれません。

電話なら、初めから
相手が見えないことが
前提。

相手をイメージしながら
話をする。

そうだね

本当は顔が見えるのに
ビデオを「オフ」にした
オンライン画面は相手に不安を与える。

「創」——アイデアを深める、刺激し合う

「創」は、これまで習得した知識や技能を把握し、自分自身の考えを深めた上で、他者にも伝え、共に新たなものを創り出していくことを意味します。

人はひとりとして同じ人は存在しないように、あなたの考えもすべて同じ人は存在しません。だからこそ、深く考え、他者と互いの考えを伝え合うことが、新しいことや新しい物を創り上げていくことにつながります。

お互いの考えを
伝え合うこと

インターネット社会では、オンライン上の情報が手に入りやすくなりました。調べものや買い物、ホテルや旅行の予約、ゲームなどもできるようになりました。しかし、オンラインによって、時間を潰しすぎたり、本当にしたいことややらねばならないことができなくなったり、情報過多でどれを信じたら良いか悩んだり、意味もなく傷つけられたり、ニセの情報に踊らされたり、振り回されたりすることもあります。このような中であっても、私たちはオンラインと言う「道具」を用いて、自分の生活をより良くするために役立てていくことが必要です。

　今や情報化社会となり、オンライン上の情報を収集して精査をし、自身の考えを深めていくことは、1人でも容易に出来るようになりました。そして、オンラインを用いれば、他者との広がりをもち、意見を交換し合い、何故そう考えたか、お互いに話し合えるようになりました。オンライン上の難しさはありますが、さらに考えを高め合い、新たな考えを生み出していくこともできるのではないでしょうか。

　新型コロナウイルスの影響によって、様々なことが対面のオフラインからオンラインに切り替わりました。例えば、ヨガや英会話、授業、塾、今では留学も含む勉強や余暇などもオンラインに切り替わり、オンラインを通して学ぶことが増えてきました。オンラインによって横のつながりを持ちにくくなりましたが、オンラインから活動を広げることは可能で、その創造された工夫に感服します。

例えば、これまでは 1 人で勉強するにはなかなか集中しがたく、友人同士で図書館に集まって勉強をしていました。しかし、新型コロナウイルスの影響で友人たちと集まり勉強することが厳しい状況です。だからこそ、オンラインでお互いを画面に映し出して、時間を決めて一緒に勉強をしてみる。アプリを用いて友人と今日がんばった勉強の時間をグラフにして知らせ合う、お互いに小問題を作り LINE（ライン）で送り合って勉強をする。1時間、1日、1週間がんばったら、自分を褒め、相手を褒める、お互いに励まし合い、がんばる。

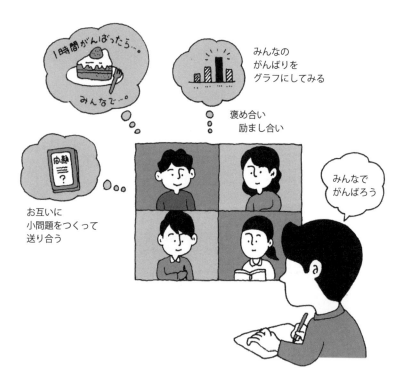

　不要不急の外出禁止で、太ったから YouTube（ユーチューブ）を見ながらダイエットをはじめました。みんなもダイエットや気分転換を一緒にするかと思って、LINE 仲間に声を掛けてみました。3 時になったらオンラインにアクセスして YouTube を流しながら30分間運動します。今では100名近く集まって運動している状況です。

みんなも
がんばってるな

　せっかくオンラインで集まったから、家の中の物を使ってしりとりゲーム大会。オンライン上でも仲良くなれる工夫を、日々教えてもらえます。こういった工夫は、いろいろなところでできるのではないでしょうか。

「感」── お互いに学び合う、共感し合う

　「感」は、お互いの考えを発言して知り合うこと、そこから自分の考えを広げ、深めて、新たな発見をすること、学び合うことを意味します。相手の立場に立って考え、相互の理解を深める中で、心が動く瞬間があり、それが共感へとつながります。

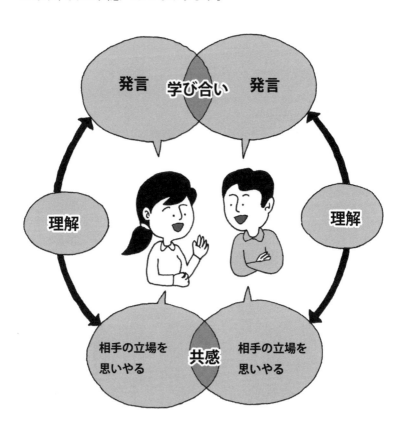

　最近、研修会も会議もオンライン化していますね。何かを学ぶため、話し合うための会であれば、オンライン、オフラインいずれにしても、場の雰囲気作りは重要です。

　見知った顔がいる研修会なら良いですが、初めての場では、特に、他の人たちが知り合い同士だとさらに居心地が悪いですね。そのような場では、何も声に出せず、他者に孤独を感じさせているという課題が生じていることにも気付けないかもしれません。

　筆者は、オンライン、オフラインいずれの研修でも、初めて参加する方が安心して話せるように数分の時間を用意します。数分の時間を用いて自己紹介カードを作り、2〜3人の小グループで雑談タイムを作ります。「あなたがこの場にいて良いですよ」の時間となるよう、数人の顔見知りを作る場を設けます。

　共に安心して学び合える場を、オンラインでもオフラインでも作ることを意識してみましょう。

課題について各自が考えたことを、考えた理由も一緒に話すことで、同じような考えに共感し、異なる考えに納得することができます。お互いの話を聞く中で、新たにアイデアが生まれ、工夫を見つけることができるでしょう。それは、お互いの相乗効果や相互作用が働いている状況です。その基盤にあるのは、やはり、感じたことを相手に伝えられる相互の関係性、安心感、信頼感です。これは場が作られていれば、オンライン、オフラインどちらの状況でも「感」じることができるのです。

　筆者は、専門職として相手に共感するとき、相手の話を聴きながら、相手の立場に立ち、そのような体験をしたときに、どのように感じたのだろう、どのように考えたのだろうと感じるように意識しています。第三者的な話の聞き方ではなく、相手の立場に寄り添い、耳を傾けながら話を聴くのです。

　オンラインでもオフラインであっても、「共感すること」を意識しています。時に涙を流して話される方もいらっしゃいますが、残念ながらオンラインの場合、涙を拭いてあげられない点が距離を感じてしまう瞬間です。そのため、オンラインの場合は近くに居てあげられない分、「涙を拭いてあげられなくてごめんなさいね」と筆者自身の言葉を考えて、素直に気持ちを相手に贈るよう意識しています。

第三者的ではなく

相手の立場に
立って

小さい頃、
春になると
母と一緒に花畑に
行って楽しかった
んですよ。
いつも手をつないだり
花を摘んだりして。

お母さんと
行った花畑は
楽しかったの
ですね。

69

「愛」── 人への関心を持つ、敬意を払う

　「愛」は、相手に興味を持ち、注意を向けること、個人の存在価値を認識し、敬意を払うこと、自分と相手のしあわせを願い、深く温かい心を持つことを意味します。

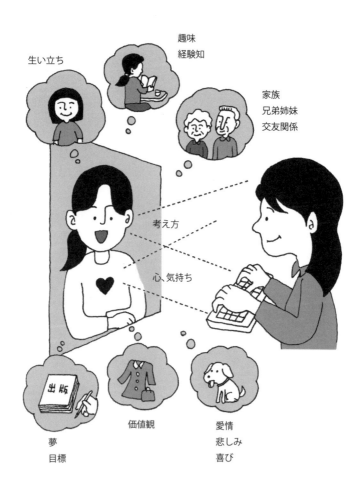

生い立ち

趣味
経験知

家族
兄弟姉妹
交友関係

考え方

心、気持ち

夢
目標

価値観

愛情
悲しみ
喜び

　オンラインによって、画面を見る機会が増えました。最近は、画面の背景を好きに変えることができます。最初は、波が映っている背景に違和感を覚えましたが、最近は慣れてきました。そんなとき、がっしりとした体格でいかつい顔をした知人がアニメの背景と共に画面にうつり、ギャップを感じておかしくなりました。なぜ、その背景なのかと聞くと小学生時代から電車が好きで鉄道ファンだったこと、これを背景にするとみんな驚いてアニメのことを聞いてくれるから楽しいとの話をしてくれました。

おそらく、対面のオフラインでは彼のアニメ好きは知り得なかったことで、いつも怒っていないのにいかつい顔だから、近寄りがたい彼のままだったでしょう。ですが、オンラインの背景によって、新たな彼の一面を知り、ますます彼に興味を持ち、さまざまな面を持ち合わせる彼の存在を認識することができました。また、アニメを語る彼の表情はとても愛くるしくて、その熱弁は尊敬に値します。相手に興味をもち、尊敬することはとても大事です。そして、相手を尊敬している姿勢は、おそらく、自分が相手に対する行動や表情に現れているでしょう。機会があれば、「次回の背景は、『自分を表す背景』を使ってみよう」と企画しても面白いかもしれませんね。

　オンラインによって、画面で自分を見る機会が多くなりました。寝不足だと何だこの顔は、いいことがあるとニヤけていて、目がぱっちり開いていれば嬉しくて、むくんでいると切なくて・・・。そんなときこそ、自分の感情に向き合って、「今日は疲れているから少し休ませてください」「分からないから教えていただけますか」「元気だから、代わりにするよ。何でも言って」など、自分の弱さやSOSを含めて相手に伝えられる素直さをもつことが重要です。

　そして、相手を見て「今日は笑顔だね。いいことありましたか」「いつもより疲れているようだけど、何かありましたか」「眠そうだけど徹夜したの」など、自分の感じたことを声にして伝えられると、自分のことを気にかけてくれる存在がいるのだと感じられ、お互いの理解が深まります。

　人への関心を持つことは、オンライン、オフラインどちらでもできることです。むしろ、オンラインの画面を通す方が、対面よりも表情がよく見えるかもしれません。新型コロナウイルスの影響によって対面の機会が少なくなり、必要以上の人との関わりが少なくなりましたが、オンラインを通してお互いに声を掛け合い、話をしていくことで相互に理解していくことが可能です。

　オンライン、オフラインいずれも、「対話」を通して相手の様々な面を知ることで、多面的な魅力が分かるから愛らしくて、尊敬ができるのではないでしょうか。そんな人間理解をしていきたいですね。

2 コミュニケーションを通じた人間的成長へ

　オンラインとオフラインでのコミュニケーションによって、人は、自分自身と向き合い、また、自分と他者・組織・社会と関係を持ち、それらと向き合うことで、人間的成長を遂げていきます。

オンライン ONLINE

オフライン OFFLINE

自己成長

communication
コミュニケーション

自分自身と向き合う

他者との
関係

組織との
関係

地域や社会との
関係

人間的成長

他者・組織・社会への貢献

　現在の社会は、インターネット普及以前に生まれてインターネットを身につけようとしている世代（デジタルイミグラント）と、生まれたとき、物心がついたときからインターネットやパソコンが普及した環境で育った世代（デジタルネイティブ）で多くが構成されています。特にデジタルネイティブの中でも、様々な携帯通信機器を利用した動画視聴やクラウドでの集合を活用し、発展させている若者がネオ・デジタルネイティブ世代です。テクノロジーが飛躍的に発展しているからこそ、両世代が共存しているとても珍しい時代です。両世代が互いに教え、教わり合うことで、相互作用が働き、新たな発想が生まれます。そこには、新たな人間的成長が望める環境があるのです。

　他方で、オンラインについて知らず、また、知らなくてもよいと考え、オンラインを使用しない方もいらっしゃいます。もちろん、それも尊重されるべきで、その方々のコミュニケーションなどの手段にも対応できる社会でなければなりません。もし、オンラインについて学びたい方がいたら、知っている方がぜひ教えてあげてください。そこには新たな人や世界との関わりや人間的成長があるのですから。

　自分の知ることを教え伝えることは、他者の学びにつながります。これは他者への貢献です。また、知らないから教えてほしいと伝えることは、自身の学びとなり、他者も教える際に復習しながらより深く学べるため、他者の学びにつながります。近年はYouTubeやインスタグラムなどのSNSを用いて、より簡単に社会へと発信できるようになりました。それをだれかが見て感動したり、知識を得たり、より多くの人とつながることで何らかの役に立つのであれば、それは立派な社会貢献です。今やオンラインでも社会貢献が可能になりました。

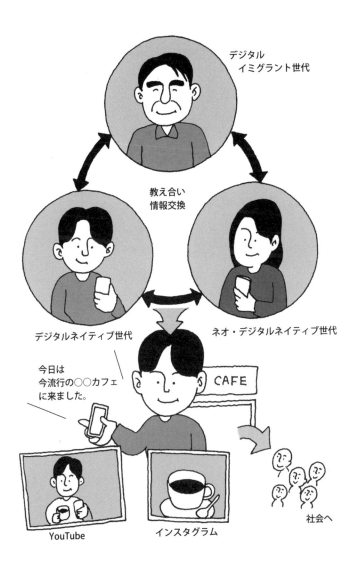

デジタル
イミグラント世代

教え合い
情報交換

デジタルネイティブ世代

ネオ・デジタルネイティブ世代

今日は
今流行の○○カフェ
に来ました。

CAFE

YouTube

インスタグラム

社会へ

仕事や人生への意味づけ

　あなたのベクトル（大きさと向きをもった量：矢印）は自分に向いていますか？あなたは自分自身にどれだけ向き合っているでしょうか？実は現代の日本の学校では、あまりこの教育はなされていません。

　自分は今、楽しいのか、嬉しいのか、悲しいのか、傷ついているのか、怒っているのか。何故、悲しいのか、傷ついているのか、怒っているのか。だれのせいで、だれのために。自分はどうしたいのか、どうしたかったのか、本当はどうして欲しかったのか。そのために、自分ができることは何か、自分の好きなことは何か、自分がチャレンジしたいことは何か。自分の声を聞くために、ぜひ一度立ち止まって耳を傾けてみてください。

　自分自身に耳を傾けると、気づきがあります。それを専門用語では「自己覚知（じこかくち）」と言います。自分で自分に気付くことで、どうしたいか、どうすれば良いか、どうしてみようか考えることができ、進むために行動できるようになります。今の自分に向き合い、一生懸命考えて出した選択であれば、それはきっとより良い選択をしています。あの時の自分が一生懸命考えて出した選択ですから、ぜひ自分を褒めてください。

　ときどき、「自分自身を褒めることをしてください」と言うと驚かれる方がいらっしゃいます。これまで、だれかの顔色を見て、生活してきた方に多く見受けられます。自身の感情を知らず知らずのうちに隠して、周囲の顔を見ながらでないと、生きてこられなかったのです。本当に、よくがんばって生きてこられました。本当は、一人ひとりが自分の意見や感情を大切にされて良いのです。

　自分自身で考える。それら一つ一つが、自身の仕事や人生への意味づけになります。

オンラインとオフラインの融合からの経験

　これまで話をしてきましたが、オフラインとオンラインはどちらかが良い、悪いではありません。両方のメリットとデメリットを知って、時と場合に応じて使い分けて、ときに融合させることで、これまで経験できなかった新しい世界を切り開くことができるようになります。これは人も同様です。オンラインが不得意、慣れていないのであれば、得意な人に教わればよいのです。人間なので凸凹があって当然。お互いに得意なことを伸ばし、苦手なことは得意な人にお願いして、凸凹を融合させることで、生活も仕事も充実していくと考えます。そのためには、自分の凸凹を把握し、周囲に伝えることが必要です。

　コロナ禍以前は、家族、世代間、友人、学校、職場、患者・医療、海外など、様々な絆が主にオフライン（対面）で結ばれてきました。コロナ禍で長期間、人に会えない状態になると、人々は何とかオンラインでも絆を深められないかを模索するようになりました。親元を離れて生活する子どもたちが、家族との連絡をSNSやビデオ通話を通して近況を伝え合ったり、YouTubeを通して励ましの映像や歌を披露したり、おうち時間を充実するための趣味を分かりやすく教えるインストラクターが現れたりといったように。オンラインによる会議や研修、飲み会、受診なども導入され、人に会えない状態での新たな絆づくりが始まりました。オンラインの新たな絆は、遠くに行かなくても交流でき、国内外を問わず様々なやりとりを可能にしています。

　このような新しい絆づくりを求める行為は、会えなくてもなお、人々のつながりをつくり続けようとする人間にとって、未来に向けた希望とも言えるのではないでしょうか。未到の世界ですが、未来を想像して、どのような未来にしたいかを語り合い、それを目指して行動

する強さを人間は持っているはずです。未知なる未来について、「対話」を通して共に語り合いましょう。

補いあえる

オンライン
苦手

オンライン
得意

伝える

離れて暮らす親との対話

世界中と交流できる

新たな絆
交流・会議・研修
飲み会

3 未来型対話 コミュニケーション

　これまで、オンラインとオフラインは補完し合うことで、他者や自分自身との新たな関係性や成長、未来への希望が生まれる可能性があることを述べてきました。特に「相手を知りたい」「自分のことを伝えたい」と純粋に思いながらコミュニケーションを行い、そのプロセスで相手のことも自分のことも、より深く理解していくという「対話」は、密を避けなければならない今だからこそ、必要なコミュニケーション手法であると考えています。

ダイアログ
Dialogue

相手を知りたい

自分のことを伝えたい

相手のことも自分のことも
より深く理解していく

3 未来型対話コミュニケーション

「対話」がもたらすもの

　何らかの関係性のある 2 人で、かつ、相手の持つ情報量と自分の持つ情報量に大きな差があって、その差を埋めようとするときに、人は主に 2 つの行動をとります。「相手に聞く」か「相手の気持ちや状況を想像する」の 2 つです。例えば、相手に言いすぎたと思った後に、相手となかなか連絡が取れなくなった時、多くの人は、きっと怒っているのだろうと相手の気持ちや状況を想像します。さらに時間が経っても相手と連絡が取れない場合、「本当に怒っているかもしれない。どうしよう？でも、相手も悪くなかった？そういえば前も・・・」と想像が悪い妄想になってしまうこともしばしば。そうならないようにするための対処方法は、怖いけれど相手に直接聞くか、豊かすぎる妄想力を遮断するかの 2 つです。直接聞いた場合は、実は仕事が忙しすぎただけで特に怒っていなかったとか、怒っていたけど謝って許してくれたという状況に落ち着く場合が多いと思います。もっと早く聞いておいたらよかったと思う人もいるでしょう。

83

相手の持つ情報量と自分の持つ情報量に差がありすぎると（情報の非対称性（Akerlof 1970））、事実ではない情報に囚われて悪い方向に働く可能性が高く（人を疑う、妄想して取り越し苦労をするなど）、この状態は効率的ではありません。

　では、この情報の非対称性をできる限りなくすためにはどのようにすれば良いでしょうか？それは、「本人に直接聞いて、自分が思った気持ちも伝える」ことです。つまり、相手のことを知ろうとし、自分のことも伝えるといった、一方向だけでなく、双方向のコミュニケーション（＝「対話」）をすることに他なりません。対話を通して、お互いのことをもっと知り合っていくのです。

　この状態は、仕事をする時にも大いにあてはまります。なぜなら、仕事はチームで効率的に最大の成果を出すという、目的が非常にはっきりしていて、さらに友達などの気心の知れた仲間と行うわけではないため、その分、他者を見る目も厳しくなりがちだからです。多くの場合、相手のことがよく分からず、想定外の行動を相手が取ればとるほど、人は不安になり、それが不信感や怒りへと転換します。こうなれば、チーム内に疑いや憶測、悪い噂が増え、メンバーは居心地が悪くなります。できるだけ関わらないようにし、挨拶はおろか、目も合わせません。形式的な情報の伝達はメールやチャットで済ませ、相手を知ろうとすることには絶対になりません。怒られる、嫌味などを言われる機会も増えることもあります。仕事の失敗に怯え、何もできない状態になります。

想像してみてください。失敗しそうなときにその状態をチームメンバーに伝えられたなら、大きな失敗が回避できるかもしれません。お互いに異なった情報（勘違い、間違い）に途中で気づいたなら、無駄な労力をかけないで済んだかもしれません。「人となり」を知ることで、何か共通点を見つけ、対話がスタートするかもしれません。相手のことを思いやる余裕ができると、チーム内の居心地がよくなり、個々の仕事に対するモチベーションは高まります。これは「心理的安全性」が確保された職場であり、効率的で最大の成果が挙げられると言われています。「対話」はスタート時点ではゴールが見えず、一見、非効率かのように思われますが、結果的には非常に効率的な方法なのです。

心理的安全性

失敗しそう

手伝うよ

対話

Good Spiral
好循環

勘違いだったね

3 未来型対話コミュニケーション

障がい者と働くときの「対話」

お互いの気持ち・状態

やってもらいたいこと
できること
サポートしてほしいこと

○○障がいのある人
ではなく、

一人一人の
個人

　障がい者と働く際には、これまで述べた情報の非対称性がより高まると考えられています。それは、障がい故の「分からなさ」や「個別性」がたくさんあり、想定や想像を超えた出来事が起こる可能性が増えるからです。そして、リモートワークといったオンラインになると、一層、情報の非対称性が高まり、コミュニケーションの不具合が生じやすくなります。では、それをどのように無くしていけばよいでしょうか？もうお分かりですね。「対話」をしながら、お互いの状態や気持ち、やってもらいたいこと、自ら進んでできること、サポートしてもらいたいことなどを伝え合い、両者の間で納得感のある落としどころを決めていくのです。

　ここからは、どのように情報の非対称性をなくしていけばよいのか、障がい別に見ていきましょう。ポイントはどの障がい者に対しても「○○障がい」という枠組みで捉えるのではなく、一人一人の個人として向き合い、「対話」をしながら相互理解と職場定着に向けた試行錯誤を続けていくことです。

知的障がい

対応

● 「自分の状況を理解する」「自分の状況や気持ちを言語化する」
　ということが困難な場合が多いため、そのサポートが重要。
● 生活のサポート、家族などのサポートと一体で定着が可能となる。
● 何度も繰り返し対応することで情報の非対称性が解消されていく。

必要なサポート

周囲がそれに気づく、
本人が気づき、言語化・可視化できるような
サポートが必要

テレワークでのサポート

○ 分かりやすい言葉や写真などを使ったコミュニケーションか？
○ 五感を使う、雰囲気を感じるといったコミュニケーションの
　機会が少ないため、それを補う工夫があるか？
○ 繰り返しの関わりがなされているか？
○ Wi-Fi環境設定やパソコン・スマートフォンなどの操作が
　できるか？

出典：NPO法人ディーセントワーク・ラボ（2019）に加筆

精神障がい

対応

● 自分の状況を客観的に見られる「セルフチェック」と
　自分を働ける状態にリカバリーさせる「セルフケア」が重要。

● 現在の自分の状況を周囲に伝えられることとリカバリーや必要な
　配慮を周囲が理解することで定着が可能となる。

● 密なコミュニケーションにより情報の非対称性が解消されていく。

必要なサポート

ツール等を用いて、セルフチェックと
セルフケアができ、
それを伝える密な機会とサポートが必要

テレワークでのサポート

○ 正確な体調の把握、セルフケアが
　できているか？

○ 自分を理解してくれる人がいる
　と感じているか？

発達障がい

対応

- ●ナビゲーションブック等で自分の特性・性格を客観的に知り、どのように対処できるか把握できることが重要。
- ●会社などとの対話を通して、互いに妥協点を見つけ出すプロセスを大切にし、本人の納得のもとに進めることで定着が可能となる。
- ●仕事の経験に基づいた、本人が納得できる対話を続けることにより情報の非対称性が解消されていく。

必要なサポート

本人が自分の性格や特性を知り、
納得して対処しようと思えるような
サポートが必要

テレワークでのサポート

- ○端的な言葉などシンプルな表現によるコミュニケーションか？
- ○本人が納得して進められているか？
  （自分を理解してくれる人がいると感じているか？）

3 未来型対話コミュニケーション

全ての人にとっての「対話」から
ディーセント・ワークへ

　ここまで「対話」の大切さ、その有効性についてお話をしてきました。「はじめに」で、これらの知見は障がい者が働く職場から得たものであることを説明しましたが、最後は、そこから得た「未来に向けた働き方へのヒント」をお伝えして本書を締め括りたいと思います。障がい者は、障がい故にできること、できないことといった凸凹の差が大きいため、それを仕事で活かすことを考えた時には、その人の特性を考慮しながら、働きやすい仕事の内容やスタイルを考え、チームで凸凹を補い合いながら仕事をすることが不可欠になります。

　そして、これは障がいのある人に限ったことではありません。なぜならば、図のような凸凹は障がいのあるなしにかかわらず、みんなが持っている特性や個性だからです。個々の特性や状態などに応じて個別化できる、つまり、カスタマイズできる働き方が、「対話」を重視したオフラインとオンラインを融合させたこれからの働き方ではないでしょうか。個人に合わせた働き方を本人と周囲の人で考え、対話し、そのときの最適解を見つけながらより良くし続けていくこと、これが働き方のニューノーマルであり、ディーセント・ワーク（働きがいのある人間らしい仕事）へとつながっていくと考えています。

【文献】

Akerlof, G. A. (1970) The market for "lemons": quality uncertainty and the market mechanism, Quarterly Journal of Economics, 84 (3), 488-500.

NPO 法人ディーセントワーク・ラボ (2019)『ディーセント・ワークを目指した 職場と組織をつくる』平成 30 年度独立行政法人福祉医療機構 社会福祉振興助成事業「障がい者就労・雇用を導くリーダー研修事業」http://decentwork-lab.org/2018wam_book.pdf

【付録】

オンライン
ワークショップ事例と
ツール

1

オンラインワークショップ
「未来型対話コミュニケーション」

オンラインワークショップ「未来型対話コミュニケーション」の実施
2020年12月4日（金）part1: オンライン編
2020年12月18日（金）part2: 対面コミュニケーション編

　2020年は「オンラインコミュニケーション」が、一般に広く普及した元年といってもよいでしょう。特に春先に外出自粛になったわけですから、大学も新学期早々から「オンライン授業」になり、教員も学生も戸惑いを隠せませんでした。企業でもオンライン会議に切り替えたところもあります。それから半年がたつと、オンラインコミュニケーションも様々な課題が浮き彫りになってきました。本ワークショップが行われたのは、ちょうどその頃です。確かに便利にはなったのですが、何かコミュニケーションの大切な部分が欠落しているように感じられる。そんなみんなの「あるある」を語り合いながら、そもそも「コミュニケーションとは何か？」の原点に立ち返り、「伝える」「聞く」「対話する」を体感するプログラムを行いました。

　まず誤解のないようにお話ししておくと、オンライン授業や会議がデメリットばかりというわけではありません。言うまでもなく、「外出できない、人と会えない」という事態を乗り越えられたのですから、「距離の問題」を解決するメリットはとても大きい。でも、それだけではありません。ほんのささいな、目からウロコが落ちるようなメリットもたくさんありました。たとえば対面授業ならだれも手を挙げなかったような「小さな質問」も、オンラインアプリの「チャット機能」を使えば、全員が活発な意見を出してくれました。どうやら、オンラインにしかできないコミュニケーションも存在するのではないか、そんな発見もたくさんありました。

そこで「オンラインワークショップ / 未来型対話コミュニケーション」は、2回に分けて、オンラインとオフライン（対面）コミュニケーションの、それぞれの特性をつかんで、より高度なコミュニケーションを実現するプログラムを実践しました。

【1回目】オンライン編

オンラインは、少人数で個別のコミュニケーション（タテの関係）を得意とします。特にオフラインの対面コミュニケーションが苦手な人にとっては、オンラインの方が話しやすいということも耳にします。一方で、コミュニケーションとして、オンラインが苦手とするポイントもいくつかあります。ワークショップを通じて、オンラインの特性を活かした対話のポイントを見いだしていきます。

【2回目】対面コミュニケーション編

オフラインは、複数人の情報交換や連携のためのコミュニケーション（ヨコの関係）を得意とします。オンラインにはない、リアルな状況ならではの特徴として、非言語やいわゆる「行間を読む」ような、感受性を活かしたコミュニケーションが考えられます。オンラインの苦手とする部分を補完するために、対面コミュニケーションの特性を活かした対話のポイントを見いだします。

本プログラムでは、さまざまなミニワークを通じて、コミュニケーションのポイントをつかんでいただきました。次ページからは、その中から一部のツールをご紹介しますので、ぜひご活用ください。

「リアクション・カード」

「未来型対話コミュニケーション」 【part1】オンライン編

■熱量が伝わりにくい「オンラインコミュニケーション」

オンラインコミュニケーションは、対話の熱量が伝わりにくく、少しぶっきらぼうな受け答えになってしまう傾向があります。特に話していて、相手が分かっているのかいないのか、納得しているのかいないのか、喜んでいるのか、落ち込んでいるのか、画面を通じると伝わりづらくなってしまいます。本当はいつもの数倍は表情を豊かにしたり、身ぶり手ぶりをオーバーアクションにする工夫をするとよいのですが、それもちょっと気恥ずかしい。そんな状況で話していると、お互いの反応(リアクション)が薄ければ、しだいに対話がトーンダウンしていきます。

■対話に熱量をだす「リアクション・ツール」

そこでワークショップの参加者同士「どんな"言葉"のリアクションがあると対話に熱量がでるか」という問いをもって、さまざまなリアクションカードを作りました。たとえば「もっと聞きたい」とか「おもしろい!」とか。そんな言葉が画面を通して、「聞き手のリアクション」として表現できたら、どんなに話しやすくなることでしょう。

ワークショップでは実際にカードを手作りし、実験してもらいましたが、みんな対面のときのようにイキイキと対話がはずみました。もしかしたら、逆に対面では気恥ずかしいリアクションさえ、オンラインでは表現しやすくなるかもしれませんね。

「リアクション・カード」

　オンラインコミュニケーション時に活用すると、対話がはずみそうな、あるいは深まりそうなリアクション・カードを付録として掲載しました。拡大コピーして、はさみで切って、オンライン時にぜひ活用してください。

発言して
いいですか？

もっと
聞きたい

少し
考え中です

おもしろい！

もう一回
言ってください

分かりにくい です

ゆっくり 話して

共感します！

ワークショップ・ツール
「アップダウン・グラフ」

「未来型対話コミュニケーション」【part1】オンライン編

■素っ気ない「情報交換」を打破するツール

　この３日間、あなたはどんな日々を過ごしましたか？気分の上がり下がりを、線グラフで書いてください。

　どんな場合にも言えることですが、人の気分は一定ではありません。調子のいいときもあれば、気分のすぐれないときもある。集中できるときもあれば、気分が散漫になるときもある。そんな微妙な心の機微を、対面なら何となくつかむことができるのですが、オンラインはどうもそれが不得意のようです。

　冒頭の質問について、口頭だけで聞いてみると「とくに何もない３日間でした」とか「デパートに買い物に行きました」など、素っ気ない答えになることが多いのですが、グラフにしてみると、取るに足りないほんのささいなことも「わたしの３日間」として表現されます。しかもそれが気分の上下をともなうのですから、そこに「行間」となるような対話のヒントが隠れていることも少なくありません。例えば気分が急降下したとき、微妙なブレがあるようなとき。グラフの線の推移は、人となりをつかむ手がかりになるかもしれません。

　このツールは、ワークショップのはじめに使うことが多いのですが、オンラインコミュニケーションでも大いに活用できると思います。例えば本題に入る前の、ちょっとした雑談に使うことで、少し空気があたたまりますし、何よりも「今の、あなたの気分」を知る手がかりとなりますから、お互いをおもんぱかるよい対話につながるのではないでしょうか。

アップダウン・グラフ

今日をさかのぼって、どんな 3 日間を過ごしましたか？できたことを思い出しながら、そのときの気分の上がり下がりを線グラフで表現してみましょう。グラフのまわりには「何があったか」を、言葉で補完してください。

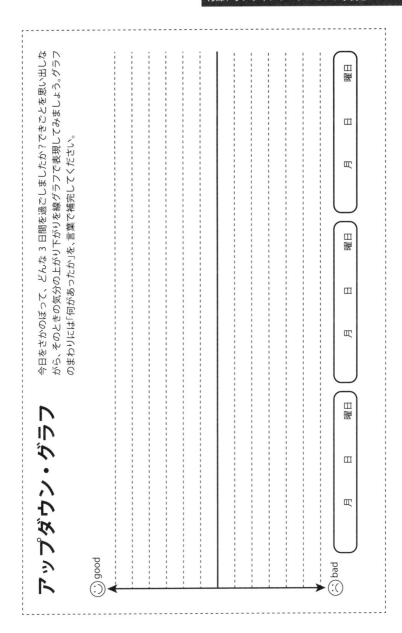

good

bad

月　日　曜日

月　日　曜日

月　日　曜日

「うそつきプロフィール」

■相手の「人となり」を引き出す

　私は「落語をやってます」「格闘技をやってます」「バンドをやってます」
——さて、この中に1つ「ウソ」が混じっています。あとの2つは本当です。さてどれがウソでしょう？——という自己紹介をされたとしたら、みなさんならどんな質問をしますか？ここでいろいろな対話が生まれます。その人の好きなことや、経験したことなどが回答されるわけですから、おのずとその人の「人となり」が表れてきます。

　ワークショップの自己紹介タイムには、「お互いのことを知る」という目的に加え「雰囲気をなごませる」「参加しやすくする」という効果もあります。ただこれも形式的にやってしまうと効果が半減しますので、遊び心を加えて「3つのうち1つがウソ」というようなルールをつけると、冒頭のように一気に対話が膨らみます。

■シグナル（信号・合図）をとらえる「対話力」

　私たち人間は「勘」がはたらきます。例えば対話のときでも、相手の眉毛の動きや、話すスピードや強弱、視線のあそび具合など、「言葉」以外の、ほんの小さなシグナルをも理解の材料にします。しかし、オンラインでのやりとりが定着すると、そういった「勘」が鈍化してくるのではないかと危惧しています。「ウソが1つ混じる」ことで、相手の言葉を鵜呑みにせず、ちょっとしたシグナルを見いだそうとする「対話のかまえ」ができるのが、このツールの利点なのです。

うそつきプロフィール

自分のプロフィールの中に、ウソを1つ入れて自己紹介してください。聞き手の人は、質問をたくさんしながら、どれがウソなのかを見破ってください。そのやりとりから「相手の人となり」を想像してみてください。

私は…

A _____ です。

B _____ です。

C _____ です。

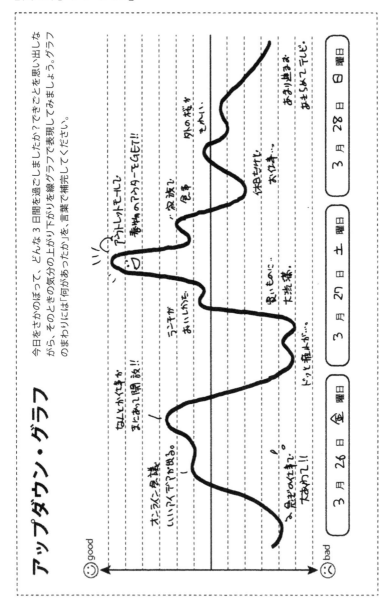

【書き方サンプル】

アップダウン・グラフ

今日をさかのぼって、どんな3日間を過ごしましたか？できごとを思い出しながら、そのときの気分の上がり下がりを線グラフで表現してみましょう。グラフのまわりには「何があったか」を、言葉で補完してください。

good

bad

3 月 26 日 金曜日　　3 月 27 日 土曜日　　3 月 28 日 日曜日

【書き方サンプル】

うそつきプロフィール

自分のプロフィールの中に、ウソを1つ入れて自己紹介してください。聞き手の人は、質問をたくさんしながら、どれがウソなのかを見破ってください。そのやりとりから「相手の人となり」を想像してみてください。

私は…

A 落語をやってます。

です。

B 格闘技をやってます。

です。

C バンドで楽器を弾いています。

です。

「イメージの伝達カード」

「未来型対話コミュニケーション」【part2】対面コミュニケーション編

■頭の中に"絵"を描く

ちょっと思い出してみてください。昨日の夜、あなたは何を食べましたか？こんな質問がきたとき、人はみんな頭の中に"絵"を描きます。あるいは記憶が「動画」として再生されます。でも、もし「エクアドルってどんなところですか？」と少し意地悪な質問をすると、頭の中に"絵"が描けないという状態になるのではないでしょうか。私たちがものごとを「理解している状況」というのは、頭の中に絵が描けるということです。

さて、対話の難しいところは「相手に分かりやすく伝える」ということです。ついつい陥りがちなのが、自分が分かっていることは「相手も分かっているだろう」というバイアスです。もしもそんな状態に陥りそうになったとき、こんな風に考えてみてください。「自分の頭の中の"絵"を、相手の頭の中に"同じ絵"として再現してもらえるか」と。

■「言葉」だけで、絵を再現してもらう。

このワークショップでは、話し手は"絵"を見ている」状態。聞き手には「その"絵"がまったく見えていない」状態をまず作ってください。どんな絵か分からない相手に、言葉の説明だけで、できるだけ全く同じような絵を再現してもらうということに挑戦します。

どんな風に話を構成すると伝わるだろう？どんな共通言語を使えばイメージしやすくなるだろう？どこまでが伝わればよしとするか？など、うまく伝わらなかったら、その原因も考えてみてください。

イメージの伝達カード A

イメージの伝達カード B

【おわりに】

　本書は、障がいのある方のオンラインでのコミュニケーションの大変さをどうにかしたいと考えたところから始まりました。しかし、話をしたり調べたりしているうちに、障がいのあるなしにかかわらず、同じような問題があるということが分かってきました。さらに、全ての人がオンラインに慣れていないだけで、良いところもたくさんあるということにも気づきました。

　オンラインコミュニケーションは、スピード感や映像も含めて共有できる、遠くでもすぐにつながれるなど、とても便利になったと感じます。しかし、オンラインはその環境の特性上、空気を読むことが難しいため、「相手に察してもらえない」「伝わりづらい」という認識から始めなければなりません。これは言ってみると、とても面倒な状況です。相手に伝えるには、手間暇がかかるため、これまでに比べて大変、不便ということになるのでしょう。

　本書でも、オンラインのコミュニケーションは、相手に分かってもらうために、丁寧に伝えようとする、相手の話を聞こうとすることを前提としなければ、上手く伝わらないということを説明してきました。一方、オフラインでのコミュニケーションは、そこにある雰囲気や相手の気持ちを察することで「全てを言わなくても分かるだろう（つまり、空気を読む）」ということが前提で多くが進められていました。

　このように考えると、オンラインとオフラインのコミュニケーションの前提は一見、異なっているように感じます。しかし、すでにお気づきだと思いますが、コミュニケーションの基本はオンラインであれ、オフラインであれ変わりません。「相手に伝えたい。相手を知りたい」という気持ちが根っこにあって、最大限そうできるように、思いやりをもってコミュニケーションしていくというものです。

この原点に帰ることができれば、昨今のオンラインでのコミュニケーションの発展は、新しいチャンスの到来と考えることもできます。多くの表現方法を手に入れることができたり、コミュニケーションのあり方を見直す機会になったりするからです。オンラインコミュニケーションで学んだことは、オフラインというリアルの場で対面したときにも十分活かせます。オンラインとオフラインは互いにデメリットを補い合い、メリットを掛け合わせてどんどん活用することで、より深いコミュニケーションができるようになります。これは、障がいのある方とのコミュニケーションも同じです。

　まずは「相手に伝えたい。相手を知りたい」と思うところからスタートし、ぜひたくさんの方と「対話」をしてみてください。最初は大変かもしれませんが、意識して続けることで、きっとこれまでとは違うコミュニケーションが生まれるはずです。コロナ禍という先の見えない不確実な時代ですが、自分自身の気持ちと向き合い、人とつながることで乗り越えていけると信じています。

　末筆になりましたが、今回、出版する機会をいただきました風間書房の風間敬子さまに心から感謝いたします。また、本書はREADYFOR「新型コロナウイルス感染症：拡大防止活動基金第4期2回目」の助成をいただき作成したものです。このような機会をいただき、どうもありがとうございました。

NPO法人ディーセントワーク・ラボ　中尾文香

【著者プロフィール】

中尾文香 （NPO法人ディーセントワーク・ラボ代表理事）

第1章、第2章 2 、第3章 3 を執筆
博士（社会福祉学）。社会福祉士。研究のテーマは、障がい者の就労、QWL（Quality of Working Life）、ディーセント・ワーク、社会課題とCSV、SDGs。福祉事業所がつくる小物ブランド「equalto（イクォルト）」を企画・運営。2017年より企業を対象とした障がい者雇用、社会課題、CSV、SDGsなどに関するコンサルをスタートした。その他、研修や講演、学生との共同プロジェクトなど幅広く活動を行っている。厚生労働省「障害者の就労能力等の評価の在り方に関する ワーキンググループ（第1WG）」専門アドバイザー。著書に『障害者への就労支援のあり方についての研究』（風間書房）などがある。

片山優美子 （長野大学 教授）

第3章 1 2 を執筆
博士（社会福祉学）。精神保健福祉士および社会福祉士。
長野県須坂市精神障害者社会復帰施設通所授産施設ぶどうの家精神科ソーシャルワーカー、長野大学社会福祉演習・実習室助手を経て、国立精神・神経医療研究センター精神保健研究所で重度精神障がい者の社会復帰に関する研究に従事。国立国際医療研究センター国府台病院技術研究生としてアウトリーチを実践。2013年より長野大学社会福祉学部社会福祉学科准教授を経て現職。著書『一般企業への重度精神障害者の就職をどう支援していくか：包括的な支援のためにIPSを利用する』（ミネルヴァ書房）

岩田直樹 （アトリエ・カプリス代表）

第2章 1 3 、【付録】を執筆
グラフィック・デザイナー。デザイン図解というカテゴリーを作り「分かりにくいものを、分かりやすく」「とっつきやすさのデザイン」をモットーとして、ビジュアル・コミュニケーション活動をサポート。一般の企業から教育、医療、福祉分野において、多様な企画や商品開発、事業開発等、プロジェクトの立ち上がりから「戦略・ビジョンの可視化」を支援している。講師活動、ワークショップ等も幅広く開催。神戸芸術工科大学（企画）、明石工業高等専門学校（インクルーシブ・デザイン）の非常勤講師。
https://at-caprice.com/

リモートワーク時代を乗り切る
思いやりオンラインコミュニケーション

2021年3月31日　初版第1刷発行

編　者　　NPO法人ディーセントワーク・ラボ

　　　　　　中　尾　文　香
著　者　　片　山　優美子
　　　　　　岩　田　直　樹

発行者　　風　間　敬　子

発行所　　株式会社　風　間　書　房

〒101-0051　東京都千代田区神田神保町1-34
電話 03(3291)5729　FAX 03(3291)5757
振替 00110-5-1853

装丁・デザイン・イラスト／アトリエ・カプリス
印刷　平河工業社　　製本　井上製本所